Inhalt

Branchenreport LEBENSMITTEL Ausgabe 2/2014

Branchenreport LEBENSMITTEL Ausgabe 2/2014

Markus Hofstetter

Kernthesen

- Wegen des Rückgangs beim Lebensmittelexport verzeichnete die deutsche Ernährungsindustrie im ersten Halbjahr 2014 nur ein minimales Wachstum.
- Bei den deutschen Discountern wies nur die Edeka-Tochter Netto ein Umsatzplus im ersten Halbjahr 2014 auf.
- Bei den Bundesbürgern werden stille Wässer und Mediumwässer immer beliebter.
- Die deutschen Brauereien und Bierlager setzten im ersten Halbjahr 2014 vor allem

wegen der Fußballweltmeisterschaft mehr Bier ab.

- Die Lage am deutschen Tabakmarkt hat sich entspannt, doch das Problem des Zigarettenschmuggels bleibt bestehen.

Beitrag

Ernährungsindustrie: Rückgang beim Export dämpft das Wachstum

Der Umsatz der deutschen Ernährungsindustrie belief sich im ersten Halbjahr 2014 auf 85,6 Milliarden Euro. Dies entspricht einer leichten Steigerung um 0,2 Prozent gegenüber den ersten sechs Monaten des Vorjahres. Würden Erzeugerpreissteigerungen von 0,5 Prozent und Ausfuhrpreissteigerungen von 0,8 Prozent einbezogen, ginge der Branchenumsatz nach Angaben der Bundesvereinigung der Deutschen Ernährungsindustrie (BVE) jedoch um 0,4 Prozent zurück. In Deutschland hat die positive Kauflaune der Verbraucher den Absatz von Lebensmitteln begünstigt. Dies trug dazu bei, dass sich der Umsatz im Inland um 0,4 Prozent auf 59,7 Milliarden Euro erhöhte. Wachstumsdämpfer war laut BVE der

Export. Im Berichtszeitraum reduzierte sich der Wert der ausgeführten Lebensmittel um 0,1 Prozent auf 25,9 Milliarden Euro. Im Gesamtjahr 2012 wurde noch ein Exportplus von sechs Prozent erzielt. Der Export in die EU insgesamt stagniert, außerhalb der EU leidet die Branche zunehmend unter Handelshemmnissen in wichtigen Wachstumsmärkten, so dass hier ein Minus verzeichnet wurde. (1), (2), [Abb. 1]

Lebensmitteleinzelhandel: deutsche Unternehmen auch global vorne mit dabei

Nach Angaben des Statistischen Bundesamtes erhöhte sich der Halbjahresumsatz des deutschen Lebensmitteleinzelhandels in den ersten sechs Monaten 2014 nominal um drei Prozent. Vor allem Rewe glänzte in den ersten sechs Monaten. Das Unternehmen selbst nennt zwar keine Zahlen, widerspricht aber nicht Marktschätzungen, die von einem Umsatzplus von bis zu sechs Prozent ausgehen. Gründe für das Plus sollen die Einführung der Payback-Karte und die damit verbundene Werbekampagne sowie Aktionen etwa zur Fußballweltmeisterschaft sein. Zufrieden zeigt man sich auch bei Edeka. Das Unternehmen nennt auch keine Zahlen, doch nach Markteinschätzungen bewegt sich die Tochter Netto um ein bis zwei Prozent über dem Vorjahr - als einziger Discounter. Denn Aldi, Lidl und Co. liegen durchweg unter den Zahlen des ersten Halbjahres 2013. Grund ist, dass die Discounter in der ersten Jahreshälfte 2013 mit außergewöhnlichen Umsatzsteigerungen aufwarteten, die sich in diesem Jahr so nicht wiederholen ließen. Dennoch soll die Discountbranche bereits im zweiten Halbjahr 2014 wieder ins Plus drehen. Einerseits sind die Vorgaben aus 2013 nicht mehr so hoch wie in den ersten sechs Monaten, andererseits bedient sich der Discount nach wie vor erfolgreich bei Konzepten des Vollsortiments mit breiteren Sortimenten, Bioartikeln, Convenience-Produkten und regionalen Angeboten. Es bleiben für die Vollsortimenter kaum mehr als die Bedienbereiche, um sich sichtbar zu unterscheiden. (4), (5)

Die deutschen Lebensmitteleinzelhändler gehören auch zu den größten Einzelhändlern der Welt. Zwar bleibt das US-Unternehmen Walmart mit 476,3 Milliarden Dollar Umsatz im Jahr 2013 nach der Rangliste der Unternehmensberatung Deloitte unangefochtener Marktführer, gefolgt vom US-Einzelhändler Costco mit 105,2 Milliarden Dollar und dem französischen Einzelhändler Carrefour mit 98,7 Milliarden Dollar. Doch die Schwarz-Gruppe mit Lidl und Kaufland stieg mit 98,6 Milliarden Dollar Umsatz auf Rang vier auf, im Vorjahr belegte die Gruppe noch Platz sechs. Der britische Einzelhändler Tesco fiel in dem Ranking wegen rückläufiger Verkaufszahlen, aber auch wegen des schwachen britischen Pfunds von Platz zwei auf Platz fünf. Das US-Unternehmen Kroger erlangte den sechsten Platz. Metro hält sich wie 2012 an siebter Stelle. Aldi ist dank des starken Euros von Rang neun auf Rang acht vorgerückt. (6)

Kartellamt: Untersuchung beklagt Marktmacht der großen vier Händler

Das Bundeskartellamt hat im September 2014 seine lange angekündigte Sektorenuntersuchung für den Bereich Lebensmittel abgeschlossen. Die Basis für die Untersuchung war, dass Edeka, Rewe, die Schwarz-Gruppe sowie Aldi 85 Prozent des bundesweiten Absatzes im Lebensmitteleinzelhandel vereinen und damit auch 85 Prozent der Nachfragemacht. Der Einkauf der Händler erfolgt dabei überwiegend im Inland, so dass laut Bundeskartellamt die Betrachtung der Marktverhältnisse in Deutschland entscheidend ist. Über drei Jahre hinweg wurden die Marktstrukturen im deutschen Lebensmitteleinzelhandel untersucht und insbesondere die Verhandlungssituation zu den

Lieferanten betrachtet. Dazu wurden 200 Hersteller und 21 Händler unter die Lupe genommen. Im Anschluss daran erfolgte eine ökonometrische Analyse von circa 3 000 konkreten Verhandlungen anhand einer repräsentativen Stichprobe von 250 Markenartikeln aus verschiedenen Warengruppen. Dabei wurden etwa 65 000 Datensätze mit diversen Einzelangaben verarbeitet.

Laut der Untersuchung sieht das Kartellamt die Gefahr, dass sich die bereits hoch konzentrierte Marktstruktur im Lebensmitteleinzelhandel weiter zulasten der Hersteller verschlechtern könnte. Der Verhandlungsmacht der Händler können nach Ansicht der Behörde im Einzelfall auch große Hersteller mit bekannten Marken ausgesetzt sein, soweit es ihnen an Ausweichalternativen für den Absatz fehlt. Die Markenhersteller sitzen lediglich am längeren Hebel, wenn es um Produkte mit einer gewissen Markenstärke geht. Das Kartellamt sieht dies aber nur bei sechs Prozent der Produkte als gegeben an. Die herausragende Rolle bei den Einkaufskonditionen spielt die Abnahmemenge. Darüber hinaus hätten auch die Eigenmarken der Händler eine zunehmende Bedeutung für die Verhandlungen.

Als Ergebnis will das Amt die strenge Linie der Fusionskontrolle beibehalten. Jede Übernahme oder

Einkaufskooperation werde einer verschärften Kontrolle unterliegen, heißt es, da Edeka, Rewe, Schwarz und Aldi marktmächtig im Sinne des Wettbewerbsgesetzes sind. Sie unterliegen damit einer besonderen Verhaltenskontrolle. Aber auch europäische Kooperationen werden kritisch beäugt. (7), (8)

Wassermarkt: Regionalität gewinnt an Bedeutung

Der deutsche Mineralwassermarkt zeigte sich 2013 laut dem Verband deutscher Mineralbrunnen (VDM) erneut weitgehend stabil. Der Absatz für Mineralwasser, Mineralwasser mit Aromen und Frucht, Schorlen und Süßgetränke stieg insgesamt um 0,7 Prozent. Das ist, bezogen auf das Volumen der Top 40 Mineralbrunnen Deutschlands ein Plus von fast 123 Millionen Liter auf 17 161,25 Millionen Liter. Klare Wachstumssieger waren stille Wässer mit einem Mengenplus von 5,5 Prozent und Mediumwässer mit plus 4,6 Prozent. Klassisches Mineralwasser dagegen lag mit 0,5 Prozent leicht im Minus. Im Wert der abgesetzten Getränke der Top 40 Mineralbrunnen ergab sich ein Anstieg von ein Prozent auf insgesamt knapp über vier Milliarden Euro.

Im Gesamtmarkt lässt sich ein wachsendes Interesse der Verbraucher am Thema Regionalität feststellen. So ist die Getränkegruppe Hövelmann mit ihren Marken Rheinfels Quelle, Römerwall, Aquintéll und Burgwallbronn im Bundesland Nordrhein-Westfalen der absatzstärkste Anbieter von Mineralwasser, sie kann besonders mit den stillen Varianten überproportionales Wachstum verzeichnen. Die regionalen Mineralwassermarken von Hassia zählen nach eigenen Angaben zu den führenden Produkten in den jeweiligen Bundesländern. Das gelte für Glashäger in Mecklenburg-Vorpommern, für Thüringer Waldquell sowie Rosbacher und Elisabethen Quelle in Hessen. Dennoch legen auch die national aufgestellten Marken mit ihren stillen und sanften Wässern zum Teil kräftig zu. (9), (10), [Abb. 1]

Biermarkt: Weltmeisterschaft bringt Brauereien ein Absatzplus

Laut Statistischem Bundesamt (Destatis) haben die in Deutschland ansässigen Brauereien und Bierlager in den ersten sechs Monaten 2014 rund 47,9 Millionen Hektoliter Bier abgesetzt. Gegenüber dem entsprechenden Vorjahreszeitraum ist dies ein Plus von 4,4 Prozent beziehungsweise zwei Millionen Hektoliter. Biermischgetränke machten mit 2,2

Millionen Hektoliter 4,7 Prozent des gesamten Bierabsatzes aus; gegenüber dem ersten Halbjahr 2013 wurden in diesem Segment 13,4 Prozent mehr abgesetzt. In den Zahlen sind alkoholfreie Biere und Malztrunk sowie das aus Ländern außerhalb der EU eingeführte Bier nicht enthalten. Zum Anstieg des Bierabsatzes trug hauptsächlich der Juni bei, in dem die Fußball-Weltmeisterschaft in Brasilien begann. Allein für diesen Monat errechnete sich gegenüber dem Vorjahresmonat ein Absatzplus von 14 Prozent auf 9,7 Millionen Hektoliter.

Wer sind die größten Player auf dem internationalen Biermarkt? Weltweit absoluter Marktführer ist laut dem Ranking der Barth-Haas-Group, einem international führenden deutschen Hopfenanbieter, unverändert AB-InBev. Durch die Aufstockung der Anteile an der mexikanischen Grupo Modelo der Tochter Anheuser Busch (AB) von 50 auf 100 Prozent sprang der Ausstoß von 352,9 auf 399 Millionen Hektoliter. Damit stieg der Anteil an der Weltbierproduktion auf 20,2 Prozent. Hinzugerechnet werden muss zu Volumen und Marktanteil zudem die südkoreanische Oriental Brewery, die AB-InBev in diesem Jahr gekauft hat. Oriental Brewery steht im Ranking der Barth-Haas-Group auf Rang 19 mit einem Bierausstoß von 13,4 Millionen Hektoliter und einem Anteil an der Weltbierproduktion von 0,7 Prozent. SAB-Miller steht mit einem Ausstoß von

187,4 Millionen Hektoliter im Ranking auf Platz zwei, dicht darauf folgt der niederländische Konzern Heineken mit 178,3 Millionen Hektolitern. Doch SAB-Miller ist in Wirklichkeit deutlich größer. Denn mit einem Anteil von 49 Prozent an China Resources Snow Breweries (CRB) muss man bei SAB-Miller - nicht konsolidiert - 57,4 Millionen Hektoliter hinzurechnen. SAB-Miller repräsentiert damit 244,8 Millionen Hektoliter.

Im Top-40-Ranking befinden sich sechs deutsche Bierbrauer, jedoch im hinteren Feld der Liste: die Radeberger Gruppe (Platz 22), Oettinger (Platz 26), die Bitburger Braugruppe (Platz 31), Krombacher (Platz 33), die Brauholding International, an der Heineken mit 49,9 Prozent beteiligt ist (Platz 36), und schließlich Warsteiner (Platz 39). (11), (12)

Tabakmarkt: die Lage zeigt sich etwas entspannt

Primär aufgrund von Steuererhöhungen wuchs der deutsche Tabakmarkt mit Zigaretten, klassischem Feinschnitt, Volumentabak, Eco-Zigarillos, Zigarillos/Zigarren. Über alle Vertriebskanäle hinweg erhöhte sich der Umsatz um fünf Prozent auf rund 11,44 Milliarden Euro. Parallel legte auch der Konsum leicht zu. Mit 51,55 Milliarden Stück lag das Volumen um knapp ein Prozent über dem Vorjahresniveau. Getrieben wurde die leicht positive Entwicklung insbesondere vom Segment Zigaretten. Die Verbraucher steigerten per Ende Juni mit insgesamt 37,66 Milliarden gerauchten Zigaretten ihren Konsum um über 500 Millionen Stück. Der traditionelle Feinschnitt legte um zwei Prozent zu und kann sich damit in der Absatzbedeutung wieder vor Volumentabak positionieren. Zigarren/Zigarillos legten mengenmäßig um knapp drei Prozent zu, Eco-Zigarillos als preisgünstige Alternative um vier Prozent. Volumentabak verzeichnete dagegen zwischen Januar und Juni 2014 nach mehrjährigem Wachstum ein Minus von 3,5 Prozent.

Vom Wachstum profitierten im betrachteten Zeitraum allerdings nicht alle Vertriebskanäle. Der stärkste Verlierer war der Lebensmitteleinzelhandel. Hier verbesserten sich zwar die Tabakwarenumsätze um knapp drei Prozent, die Absätze insgesamt sanken allerdings leicht und führten zu Marktanteilsverlusten um 0,7 Prozent auf aktuell 34,6 Prozent. Eine deutlich bessere Performance zeigten dagegen die Tankstellen, die absatzbezogen ihren Marktanteil um einen Prozentpunkt auf knapp 28 Prozent ausbauten. Dahinter stehen Absatzsteigerungen von 5,4 Prozent. Leichte Marktanteilszuwächse verbuchten außerdem die Kioske, während die Entwicklung in Bau- und

Getränkemärkten stagnierte. Verluste im Fachhandel sowie Automatengeschäft führten zu leicht rückläufiger Marktbedeutung in diesen Vertriebskanälen.

Ein Problem für den Tabakwarenmarkt in Deutschland bleibt der Zigarettenschmuggel. Dazu haben die vier großen Zigarettenunternehmen, British American Tobacco, Reemtsma/Imperial Tobacco, Japan Tobacco International und Philip Morris International KPMG mit einer Studie über Zigarettenschmuggel beauftragt. Demnach wurden 2013 insgesamt 21,7 Milliarden nicht in Deutschland versteuerte Zigaretten konsumiert, davon waren 11,3 Milliarden Zigaretten geschmuggelt oder gefälscht. In Deutschland ist der Anteil gefälschter und geschmuggelter Zigaretten am gesamten Zigarettenkonsum mit 11,3 Prozent relativ stabil geblieben. Der mit Abstand größte Teil gefälschter und geschmuggelter Zigaretten kommt aus Osteuropa nach Deutschland. Der Studie zufolge stammen 36,5 Prozent dieser Zigaretten aus Polen und 19,7 Prozent aus Tschechien. Allerdings ging ihr Anteil gegenüber 2012 zurück. Dagegen wuchs die Bedeutung Weißrusslands für die Einfuhr geschmuggelter und gefälschter Zigaretten erheblich. Hier lag die Quote 2013 bei 8,4 Prozent, ein Jahr zuvor waren es noch 5,6 Prozent. Der Konsum geschmuggelter und gefälschter Zigaretten verursacht einen geschätzten Steuerausfall von rund 2,1 Milliarden Euro allein in Deutschland.

In der EU gehen insgesamt 10,9 Milliarden Euro Steuergelder durch den illegalen Markt verloren. So war 2013 laut KPMG jede zehnte in der EU konsumierte Zigarette illegal. 33 Prozent davon waren sogenannte Illicit Whites. So bezeichnet man illegale Markenzigaretten, die im Ursprungsland legal produziert werden, aber fast ausschließlich in andere Länder geschmuggelt werden. (13), (14)

Ladungsträger: Neue Chep-Paletten werden ausgeliefert

Fast 25 Jahre lang hat der Hersteller Chep seine Viertelpalette, die für Zweitplatzierungen in den Handelsfilialen genutzt wird, nicht verändert. Doch nach Auslaufen von Schutzrechten auf die Fußkonstruktion, brachte Konkurrent FHG Paki eine graue Viertelpalette mit verbessertem Deck in den Markt. Damit lassen sich Pappen für den Displayaufbau leichter befestigen und entfernen. Mit der neuen Chep zieht der Marktführer jetzt nach, Anfang Juni 2014 wurde mit dem Versand des neuen Ladungsträgers begonnen. Der blaue Chep-Ladungsträger war zunächst auf den Widerstand gestoßen, da dieser weder mit dem Vorgänger noch mit der bereits im Umlauf befindlichen FHG Paki-Palette kompatibel ist. Vor allem Edeka hatte kritisiert, dass Chep neu und Chep alt nicht ineinander stapelbar sind. Das Unternehmen fürchtet steigende Kosten in seinen automatisierten Lagern, in der Distribution und in den Märkten. Doch inzwischen hat auch Edeka den neuen Ladungsträger trotz fehlender Kompatibilität zum Vorgänger akzeptiert.

Chep will nun die Umstellung beschleunigen und die alten Kunststoffpaletten schneller aus dem Markt ziehen als geplant. Bereits in einem Jahr sollen nur noch neue Ladungsträger in der Konsumgüterbranche unterwegs sein. (15), (16)

Trends

Promotion-Aktivitäten bringen weniger

2013 ist in Europa die Menge an Food- und Nonfood-Produkten, die innerhalb einer Aktion verkauft wurde, im Vergleich zum Vorjahr um 0,8 Prozent auf 27,5 Prozent gestiegen. Das geht aus dem Report zu Preis und Promotions der Konsumgüterbranche von

Information Resources (IRI) hervor. Auch wenn der Zuwachs aktuell schwächer ausfällt als in den Vorjahren, scheint die Promotion-Intensität nach Angaben des Marktforschers in vielen europäischen Ländern kontinuierlich anzusteigen. Aber obwohl die Promotion-Verkäufe zunahmen, ging die verkaufte Menge im Vergleich zum Vorjahr zurück, bei Food-Artikeln um 0,7 Prozent, beim Nonfood-Angebot um 0,8 Prozent. Tierpflege und Tiernahrung waren im vergangenen Jahr die Kategorien mit dem größten Anstieg in der Menge der verkauften Promotion-Artikel, die Aktionsverkäufe erhöhten sich um 4,8 Prozent auf 21 Prozent an. Der Umsatz in diesen Bereichen erhöhte sich jedoch nur um 2,1 Prozent auf 7,4 Milliarden Euro, die Absatzmenge ging sogar um 2,2 Prozent zurück. Das Umsatzwachstum wurde also durch höhere Preise oder teurere Produkte generiert und nicht durch Promotions gestützt, heißt es in dem Report.

Laut IRI sind in Deutschland die Promotion-Anteile am Gesamtumsatz in den vergangenen beiden Jahren nahezu stabil geblieben. Bezogen auf die ersten sieben Monate des laufenden Jahres bewegen sich die Anteile auf Vorjahresniveau. Ungefähr 18 Prozent dieser Aktionen sind Nicht-Preis-Promotions wie Zweitplatzierung und/oder kommunikative Verkaufsförderungsinstrumente.

IRI empfiehlt nun den Konsumgüterherstellern, ihre Promotion-Strategie auf Gültigkeit und Effizienz zu prüfen, um sicherzustellen, dass der gewünschte Erfolg sich auch langfristig einstellt. Markenherstellern raten die Preisforscher, ihren Fokus nicht auf die Steigerung des Umsatzes um jeden Preis zu legen. Sie müssten vielmehr umdenken und mehr auf innovative und kreative Aktionen setzen. Das können themenbezogene Angebote, neuartige In-Store-Events oder auch die Nutzung von mobilen Apps sein. Dies solle sicherstellen, dass gleichermaßen Mehrwert für die Hersteller aber auch für skeptische Käufergruppen geschaffen wird. (17), [Abb. 3]

Fallbeispiele

Lekkerland: setzt auf E-Zigarette

Die Lekkerland Deutschland GmbH hat Anfang Juni 2014 E-Zigaretten ins Sortiment aufgenommen. Deutschlands größter Tabakwarenfachgroßhändler hat sich dabei für die Marken der Red Kiwi GmbH aus Seevetal, der Bonner Snoke GmbH & Co. KG und der US-amerikanische NJOY entschieden. Lekkerland beliefert 60 000 Verkaufsstellen, vom Kiosk über den Tabakwaren-Facheinzelhandel bis zu den Tankstellen.

Der Markt der E-Zigaretten erlebte in Deutschland auf kleiner Basis bis 2010 einen Boom. Inzwischen generiert diese Kategorie laut Marktstudien 0,5 Prozent des Zigarettenumsatzes in Deutschland. Die Zahl der Konsumenten wird auf bis zu 200 000 geschätzt. (18)

Zahlen & Fakten

Abbildung 1: Konjunkturdaten der deutschen Ernährungsindustrie

	1. Halbjahr 2014*	**2013**
Umsatz nominal	**85,6 Mrd. Euro (0,2%)**	**175,2 Mrd. Euro (+3,5%)**
davon Inland	59,7 Mrd. Euro (0,4%)	121,6 Mrd. Euro (2,9%)
davon Ausland	25,9 Mrd. Euro (-0,1%)	53,6 Mrd. Euro (4,8%)
EU	20,6 Mrd. Euro (-0,1%)	42,4 Mrd. Euro (6,0%)
Nicht-EU	5,4 Mrd. Euro (-0,2%)	11,2 Mrd. Euro (1,5%)
Reale Umsatzentwicklung	-0,40%	1,0%

Auslandsanteil am Umsatz	30,5%	31%
Betriebe	5.920	5.920 (-0,8%)
Beschäftigte	555.300	555.300 (0,1%)
Verbraucherpreise Ernährungsindustrie		
Inland	0,5%	2,8%
Export	0,8%	1,8%

* vorläufige Schätzung Stand: 29.08.2014
Veränderungen gegenüber dem Vorjahr in Klammern
Quelle: Statistisches Bundesamt, BVE Entnommen aus: Homepage der Bundesvereinigung der deutschen Ernährungsindustrie, (3)

Abbildung 2: Die Top 15* Mineralbrunnen in Deutschland

Rang	Unternehmen	***Umsatz in Millionen Euro	
2013	**2012**		
1	Mitteldeutsche Erfrischungsgetränke, Weißenfels	432,0**	409,3**
2	Hansa-Heemann, Rellingen	313,0**	313,0**
3	Schäff-Gruppe (Altmühltaler/Brandburger Urstromquelle), Baruth	277,0**	280,0**
4	Danone Waters Deutschland, Frankfurt/Main	242,5**	245,0**

5	Hassia-Gruppe, Bad Vilbel (inklusive Saftmarken)	239,8	239,2**
6	Gerolsteiner Brunnen, Gerolstein	224,1	212,8
7	Nestlé Waters Deutschland, Mainz	205,2	211,6
8	Franken-Brunnen, Neustadt/Aisch	158,6**	153,8**
9	Rheinfels-Quelle H. Hövelmann, Duisburg (inklusive Sinalco)	154,9	153
10	Adelholzener Alpenquellen, Siegsdorf	145,1**	139,5**

*aus einem Top 40-Ranking **geschätzt ***Inlandsumsatz Mineralbrunnen (Mineralwasser inkl. Süßgetränke) Quelle: Kelch/Hohmann/ Getränke-Info/LZ Entnommen aus: food service, 6/2014, S. 72, (10)

Abbildung 3: Ohne Aktionen geht bei Schokolade nichts

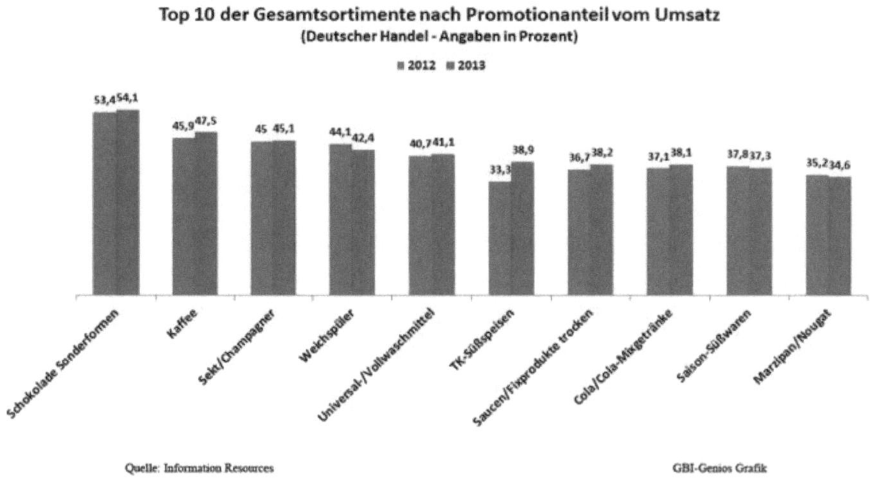

Entnommen aus: Lebensmittel Zeitung, 37/2014, S. 47, (17)

Weiterführende Literatur

(1) Ernährungsindustrie leidet unter internationalem Wettbewerb
aus www.lebensmittelzeitung.net vom 08.09.2014

(2) Lebensmittelexporte leicht rückläufig
aus Lebensmittel Zeitung 36 vom 05.09.2014 Seite 016

(3) Konjunkturdaten der Ernährungsindustrie
aus Lebensmittel Zeitung 36 vom 05.09.2014 Seite 016

(4) LEH beurteilt Umsatz durchschnittlich
aus Lebensmittel Zeitung 32 vom 08.08.2014 Seite 004

(5) LEH hofft auf zweite Jahreshälfte
aus Lebensmittel Zeitung 32 vom 08.08.2014 Seite 001

(6) Schwarz-Gruppe lässt Tesco hinter sich
aus www.lebensmittelzeitung.net vom 26.09.2014

(7) Kartellamt veröffentlicht Ergebnisse
aus www.lebensmittelzeitung.net vom 24.09.2014

(8) Handel nutzt Marktmacht
aus agrarzeitung 39 vom 26.09.2014 Seite 004

(9) Still, sanft und regional
aus Lebensmittel Zeitung 22 vom 30.05.2014 Seite 032 bis 034

(10) Markt wächst weiter
aus food service 06 vom 18.06.2014 Seite 072

(11) Bierabsatz im 1. Halbjahr gestiegen
aus Brauwelt, 32/2014, S. 940

(12) Biermarkt bleibt spannend
aus Lebensmittel Zeitung 29 vom 18.07.2014 Seite 010

(13) Sorge wegen hoher Schmuggelzahlen
aus Lebensmittel Zeitung 37 vom 12.09.2014 Seite 014

(14) Konsumklima für Tabakwaren hellt sich auf
aus Lebensmittel Zeitung 37 vom 12.09.2014 Seite 044

(15) Chep lässt Display-Palette vom Stapel
aus www.lebensmittelzeitung.net vom 10.07.2014

(16) Edeka gibt bei Chep-Palette nach

aus Lebensmittel Zeitung 32 vom 08.08.2014 Seite 033

(17) Promotions bringen immer weniger
aus Lebensmittel Zeitung 37 vom 12.09.2014 Seite 047

(18) Lekkerland eröffnet E-Zigaretten neue Chancen
aus Lebensmittel Zeitung 22 vom 30.05.2014 Seite 016

Impressum

Branchenreport LEBENSMITTEL Ausgabe 2/2014

Bibliografische Information der deutschen Nationalbibliothek

Die Deutsche Nationalbibliothek verzeichnet diese Publikation in der deutschen Nationalbibliografie; detaillierte bibliografische Daten sind im Internet über http://dnb.d-nb.de abrufbar.

ISBN: 978-3-7379-5663-5

oder ähnliche Einrichtungen und die Einspeicherung und Verarbeitung in elektronischen Systemen.